VOILLET DE SAINT-PHILIBERT

ÉPINGLES POLITIQUES

1832-1844

TOURS

CHEZ LES PRINCIPAUX LIBRAIRES

1880

ÉPINGLES POLITIQUES

VOILLET DE SAINT-PHILIBERT

ÉPINGLES POLITIQUES

—

1832-1844

PATIENTER

TOURS

CHEZ LES PRINCIPAUX LIBRAIRES

1880

A MON AMI

J. BASTARD

Mon cher Ami,

CET opuscule n'a qu'un mérite :
reproduire la physionomie d'une
époque. L'exil de ces princes les fit
grands, et la prospérité petits. Ceci n'a
rien d'exagéré : ils partirent en fiacre le
24 février 1848, pour n'en descendre
que le 4 septembre 1870. Nous attendons
qu'ils se réveillent; se reposent-ils de
leurs fatigues ?

Tout à toi.

Voillet de Saint-Philibert.

Nous étions jeune, en l'an de grâce 1832, temps où la bonne duchesse leva l'étendard. C'était au renouveau des roses, où le lis fleurit aux caresses du printemps. Où en sommes-nous de ces beaux rêves? Maintenant, l'âge affaiblit nos souvenirs; et au déclin de notre vie, nous publions les notes de notre carnet. Ces lignes, écrites au milieu

des camps, s'achevèrent en novembre
1843. L'héritier de nos rois révélait à
l'univers son existence, et l'espoir de
nos adversaires gisait inanimé. C'est
cette infortune qui nous a désarmé.

1832

Dᴀɴs la fameuse question des forts détachés, le Juste milieu s'est trouvé bien faible.

—❦—

A ses douze millions d'indemnité, comme émigré, Louis-Philippe s'est approprié les cent mille livres de rente votées pour les victimes de l'émigration.

—❦—

Lᴏʀᴅʀᴇ de choses pourrait se dispenser de son éternelle formule : Je reçois toujours avec un nouveau plaisir. Qui donc a jamais douté qu'elle n'aimât beaucoup recevoir.

—❦—

AVEC une vache à lait comme la France, un Tel peut se consoler de la perte de ses bêtes. On est toujours sûr de trouver beaucoup de lait au château de Neuilly.

—◉—

A la majorité d'Henri V, Louis-Philippe aura perdu la sienne.

—◉—

A sa visite de Neuilly, le général Bugeaud répétait ces deux vers de Tom Jones (*) :

Ma foi, pour un geôlier, mon âme est satisfaite ;
Un prisonnier pareil, et ma fortune est faite.

—◉—

AVEC la meilleure des républiques, on a fait la plus mauvaise des monarchies.

—◉—

(*) Né à Limoges, le 15 octobre 1784, il fut le geôlier de la duchesse de Berry, à Blaye. Créé duc d'Isly le 14 juillet 1844, il mourut le 10 juin 1849.

Louis-Philippe n'a pas été nommé un roi sans sujet. C'est pour cela qu'il est le roi de la fève.

—❁—

A tous les tours pendables, on peut ajouter celu du mouchoir de Saint-Leu.

—❁—

La dotation de la noble famille s'est enrichie de la forêt de Bondy.

—❁—

Au lieu d'écrire le *roi-citoyen*, les gens peu habitués à l'orthographe écrivent le *roi-mitoyen*.

—❁—

De l'armure des anciens preux, un Tel ne regrette que leurs écus.

—❁—

Un Tel va se faire peindre en Hippolyte traîné la tête en bas par un coucou.

—❁—

D'après l'ordre du Juste milieu, saint Fiacre sera effacé du calendrier.

—❀—

Un Tel a refusé son portrait dessiné à la mine de plomb, préférant la mine d'or.

—❀—

Sous l'armure de Mars, le Juste milieu semble Mars en Carême.

—❀—

Dans la littérature, un Tel ne peut souffrir les pièces sans intérêt. Comme preuve, il lit tous les jours la fable de la Poule aux Œufs d'or.

—❀—

Dans la crainte de rendre autre chose, un Tel a rendu le pain bénit.

—❀—

Un Tel a renvoyé ses aumônes aux calendes grecques.

—❀—

L'ORDRE moral ne quitte son vêtement qu'après complète usure et avoir remplacé successivement les boutons, le dos, les basques, le collet et les deux manches.

—◉—

Sı Louis-Philippe méprise les armoiries, il tient aux chiffres.

—◉—

La France demande à celui qui nous gouverne si un fils immensément riche, est tenu, par honneur, de payer les dettes de son père.

—◉—

CELUI-CI répond, en publiant l'*Art de ne pas payer ses dettes et de promener ses créanciers.*

—◉—

SUR la proposition d'un grand prince, l'art de la cravate est maintenant parmi les arts libéraux.

—◉—

Sous Charles X, le commerce de la France enflait; sous Louis-Philippe, il crève.

—◉—

L<small>A</small> pluie de juin servira au Soleil de Juillet.

—◉—

L<small>E</small> Juste milieu n'a de martial que ses lois.

—◉—

C<small>'EST</small> la baronne de Feuchères (*) qui proposa
la création des rosières de juillet. Cette dame se
connaît si bien en nœuds.

—◉—

(*) Dawe (Sophie). C'était la fille d'un pauvre
pêcheur de l'île de Wight. Née en 1795, elle débuta
à Londres, sur le théâtre de Covent-Garden, puis
maîtresse du duc de Bourbon, alors refugié en
Angleterre. Devenu prince de Condé (13 mai 1818),
il la reçut publiquement à Chantilly et la maria,
cette même année, au baron de Feuchères. Cette
union cessa en 1822, et dès lors elle exerça un
entier ascendant sur le prince, qu'elle décida à
reconnaître le duc d'Aumale son unique héritier.
Accusée de la mort de son amant (27 août 1830),
elle fut reçue à la cour par les usurpateurs, soutint
un scandaleux procès contre les princes de Rohan,
qu'elle gagna, et mourut en Angleterre, le 2 janvier
1841.

Monsieur Jobart est devenu l'huissier de la cour. Qui se ressemble s'assemble.

—❋—

La guerre de Hollande est finie (*) : la poire a eu peur du fromage.

—❋—

(*) C'est l'expédition d'Anvers qui chassa les Hollandais de la Belgique (1831) et donna le trône à Léopold de Saxe-Cobourg, devenu, dans la suite, le gendre de Louis-Philippe.

1833

Quand Louis-Philippe a quitté Cherbourg, les habitants lui dirent à revoir (*).

—❋—

Dans les visites aux manufactures, les ouvriers battaient des mains à la vue de Charles X. Après celles de Louis-Philippe, ils se les lavent.

—❋—

Le duc de Chartres et le prince de Joinville sont les poires de l'armée et de la marine ; lisez : *l'espoir*.

—❋—

(*) Allusion ironique au départ de Charles X, qui s'embarqua dans ce port pour l'exil (17 août 1830).

ALBUQUERQUES mit ses moustaches en gages.
Un Tel veut absolument emprunter sur ses favoris.

—❦—

MONSIEUR Laffitte était dans la loge royale à
la première représentation de *Bertrand et Raton* (*).

—❦—

NOUS avions Philippe le Hardi; nous aurons
Philippe le Téméraire.

—❦—

UN tel vient de réviser un des commandements
de Dieu. Voici le premier vers :

Ta famille déshonoreras, pour régner longuement.

—❦—

DANS la souscription Laffitte, Louis-Philippe
a donné son rifflard et son chapeau gris.

—❦—

(*) Né à Bayonne, le 24 octobre 1767. Fils d'un
charpentier, il dut sa fortune à son intelligence. Au
moment de l'invasion et au retour des Bourbons, il
rendit de grands services pécuniaires à Louis XVIII
et au duc d'Orléans. Nommé député, en 1816,
il compromit sa fortune pour le succès de la
révolution de 1830, et il mourut à Paris, le 26 août
1844. — *Bertrand et Raton*, comédie de Scribe,
fut représentée au Théâtre-Français cette même
année 1833.

Comme fils de cocher, un Tel a le bonheur domestique.

——◎——

Voici l'opinion de l'Europe sur le gouvernement de Louis-Philippe :

La France est un caissier donné par la nature.

——◎——

Un Tel offre de poser gratuitement. Jamais les artistes ne le prendront pour un modèle de roi.

1834

Louis-Philippe n'est que le bois dont on fait les rois.

—✿—

Les fils du roi viennnent d'honorer de leur présence les *Fourberies de Scapin*. C'était inutile, ils possèdent cette comédie à domicile.

—✿—

Un Tel prétend qu'il vaut mieux de la boue au front que de recevoir les cendres. Il fredonne :

Mieux vaut goujat debout qu'empereur enterré.

—✿—

Louis-Philippe méprise si fort la justice, qu'il se chaufferait volontiers du chêne de saint Louis.

—✿—

Il fait abattre les arbres de Marly et se propose d'en fabriquer des gourdins pour ses gardes de corps.

—⊙—

Tout chevalier de la Toison-d'Or qu'il soit, un Tel ne cesse de tondre ses moutons.

—⊙—

Louis-Philippe s'effraie de la rougeole, qu'il se rassure, son front n'a jamais rougi.

—⊙—

L'opinion de Rossini sur les agents de la liste civile est que leurs mains sont des doubles croches ! Cela est capable de rétablir l'harmonie en France.

—⊙—

Un Tel est tout fier de son surnom de *la Poire*. Il n'y a-t-il pas celle de Bon-Chrétien. Cela équivaut à Fils aîné de l'Église.

—⊙—

La révolution de juillet n'est qu'un corbillard où gît la Liberté, le tout conduit par l'Ordre public.

—⊙—

A la vue du magnifique service d'argenterie exposé par Odiot, un Tel lui dit : « Offrez-moi vos services, je les accepterai toujours avec un nouveau plaisir. »

—◎—

Le télégraphe est devenu le percepteur du budget, un Tel voulant ainsi regagner ce qu'il a perdu dans l'opinion publique.

—◎—

La comédie se joue, depuis huit jours, à Fontainebleau. Il y a quinze ans que cela était au Palais-Royal. Dans le *Nouveau Seigneur du village*, le duo qui commence ainsi :

Vous n'êtes pas à votre place,

fut très apprécié.

—◎—

A la mort de Don Pedro, Louis-Philippe s'est écrié :

« Quand les usurpateurs disparaissent, les rois reviennent. »

—◎—

Un Tel sait manier la lancette, et il est persuadé d'avoir versé le sang pour la défense de la patrie.

—◎—

A la vue des salons de bal de l'Ordre moral, l'ambassadeur turc n'a pu s'empêcher d'avouer que tous ces gens méritaient le cordon.

—⊛—

Dans la politique actuelle, un Tel est si faible, qu'il est grand partisan des forts. Avouons que sans Mortier (*), le gâchis n'eût pas été complet.

—⊛—

Un paletot a été volé à la Chambre. Serait-il le manteau royal.

—⊛—

Louis-Philippe a choisi pour ministre un tambour-major. A-t-il décidé de nous mener à la baguette?

—⊛—

(*) Mortier (Édouard), duc de Trévise, maréchal de France, né à Cateau-Cambresis, le 13 février 1768. C'était le fils d'un député aux États généraux de 1789, qui, sous la République et l'Empire, servit glorieusement son pays. Maréchal de France en 1804, il fut une des victimes de l'attentat Fieschi (28 juillet 1835).

A la vue de la lancette royale, le petit Thiers s'est écrié : « Sire, me prenez-vous pour un contribuable ? »

— ❀ —

Louis-Philippe vient de louer trois cents valets. Sa chambre est donc bien sale.

— ❀ —

Un Tel est jaloux des lauriers de son fils d'Aumale. Aucune des branches de cette couronne n'a tombé sur les barricades. *Inde ira.*

1835

Louis-Philippe vient de nous adresser son abonnement. Peine inutile : Sa Majesté ne sera jamais à la mode.

—✽—

Si un Tel n'a pas pris un ministère le mardi gras, c'est qu'on l'aurait vu, le mercredi, descendre.

—✽—

Après l'acte de charité que vient d'accomplir Louis-Philippe, avec sa lancette royale, l'opinion est : Le prince saigne bien, mais il panse mal.

—✽—

Si le roi des Français est le beau-frère de l'empereur d'Autriche, nous savons, depuis longtemps, qu'ils ne sont pas cousins.

—❁—

Si l'Ordre moral protège la religion, il ne peut voir une église, même en peinture. Est-ce qu'il serait de la paroisse des Jacobins?

—❁—

Depuis les derniers événements, on ne dit plus : « Manger du poisson d'avril, » mais de juillet.

—❁—

Si l'ordre du Saint-Esprit est admis au château, cela nous étonne. Louis-Philippe n'a pas plus de cordons bleus au salon que dans sa cuisine.

—❁—

Le trône de Juillet est si peu solide, qu'il n'a plus qu'un Barrot pour le soutenir.

—❁—

Les journaux suisses contiennent cette annonce :
« Il a été perdu une princesse de Wurtemberg ;
» la ramener à son prétendu, qui l'attend près du
» lac de Constance. »

—❀—

Les faux écus saisis récemment, à l'effigie du
roi qui nous gouverne, sont d'une prodigieuse
ressemblance. Ils ne peuvent provenir que de la
dot de la reine des Belges. Ils arrivent tous de ce
pays. A bon chat, bon rat.

—❀—

Un Tel a si peur d'un changement de dynastie,
qu'en se promenant dans son jardin de Neuilly, il
prit une touffe de résédas pour une émeute
républicaine.

—❀—

La baronne de Feuchères, avant de tester en
faveur des d'Orléans, fit enlever les espagnolettes
de ses fenêtres. Le procédé serait-il contagieux
pour autoriser cette précaution?

—❀—

A la nouvelle que Marato venait d'être décoré de la Légion d'honneur, Deutz a demandé à un Tel le grand cordon du même ordre.

—☸—

Sous Louis XIV, le silence ; sous Louis XV, on chuchottait ; sous Louis XVI, la discussion. A l'époque où nous sommes, tout le monde méprise le souverain.

—☸—

A la vue de l'Algérie, l'aîné de la race écrivait à son père : « Je reviens, j'ai de l'Afrique assez. »

1836

DEPUIS sa blessure de Mascara le duc d'Orléans lit avec attention le récit de la campagne de Bonaparte sur le Pô.

—✿—

QAND le petit Foutriquet cessera de nous gouverner, nous pourrons dire : C'est le ministère du Tiers parti.

—✿—

DE la rue des Trois-Bornes, la vue du monument de Juillet nous a suggéré cette opinion : O liberté! comme tu es coulée.

—✿—

Nous venons d'apprendre, l'âme remplie de tristesse, que le génie de la France est dégringolé du Panthéon et, par ricochet, tombé dans le ruisseau.

La censure vient de nous rendre les fleurs de lys ; D'Orléans préfère un lit tout fait.

Le Juste milieu désirant tout concilier, a prié Monsieur de Mirbel, l'éminent botaniste, d'obtenir de la nature des lys tricolores.

Un Tel a décidé la publication de tous les cuirs de la maison. L'ouvrage formera un gros volume relié en peau d'âne.

Le roi a trouvé un Trognon pour augmenter le hachis au fromage de Hollande.

Voulant conserver l'incognito, le duc d'Orléans a repris le blason de sa famille.

La Faculté de médecine a reconnu la maladie de Monsieur Thiers. C'est une affection du larynx. Il a trop menti par la gorge.

—✦—

Un Tel se déclare une pierre de la Constitution. Il n'est qu'une tuile tombée sur sa tête, et il oublie que cette blessure lui a produit une fructueuse poussière d'or.

—✦—

Monsieur Bugeaud prétend que le ministère de la guerre n'est qu'un picotin; cependant il vaut la peine d'être mangé.

—✦—

Dans la tempête de Foutriquet, sur le lac de Constance, il s'est écrié, au pilote : Ne crains rien, tu portes ma fortune et mon épouse.

—✦—

Le vainqueur de Mascara épouse la sœur d'Abd-el-Kader, qui lui apporte en dot le grand désert de Sahara (prononcez *Sarah*).

—✦—

LES ministres d'un Tel sont si pourris, qu'un des scorpions de l'obélisque ayant piqué Monsieur Gasparin, le pauvre animal en est mort à l'instant.

—✿—

LES journaux ministériels disent que le prince Bonaparte n'a que son nòm. Il y a des gens aux Tuileries qui n'en ont pas autant.

—✿—

ON nous assure que l'orang-outan du Jardin des Plantes a, dans son testament, institué Monsieur Thiers son légataire universel.

—✿—

IL n'en est pas de même du père du Président du Conseil, qui, à son lit de mort, a demandé pardon à Dieu de l'avoir engendré.

—✿—

SI la Cour n'a pas pris le deuil à la mort du roi Charles X, elle n'en voit pas moins tout en noir.

—✿—

Un Tel a décidé que Versailles serait le Muséum des croûtes, et en a confié la direction à l'ami Dupin.

1837

La Chambre a trouvé enfin l'éloquence Dupin sec. Il y avait si longtemps qu'elle l'attendait.

—◉—

Le costume écossais de lord Gordon a été fort admiré. Depuis la naissance de l'Ordre moral et la mort de son père, un Tel a retrouvé un vrai seigneur sans culotte.

—◉—

Un Tel vient d'inventer la voiture-citadelle, traînée par six chevaux de Frise.

—◉—

L'aîné de la race, le plus bel étalon de la famille, épouse une princesse de Mecklembourg, dont le pays produit plus de chevaux que de fiancées.

—◉—

LE *Journal des Débats* vient d'être nommé le bouffon du Juste milieu.

———❖———

AU banquet de Versailles, l'ivresse était générale. Il manquait d'eau.

———❖———

LES tanneurs de Nogent-le-Rotrou sont dans le ravissement : les cuirs du Ministre de l'instruction publique sont d'une qualité supérieure.

———❖———

LE jour de la Saint-Henri, les lis abondaient sur le marché; la police a eu beaucoup de soucis.

———❖———

LE choléra est à Naples, et le petit Foutriquet à Florence. Tous les fléaux envahissent l'Italie.

———❖———

LES deux aînés de la race affrontent les éléments destructeurs du globe. L'un essuie la pluie; l'autre le fer des Arabes.

———❖———

Sɪ le comte de Chambord voyait ses bons parents d'Orléans, il les trouverait bien changés... à leur avantage pécuniaire.

———❀———

Dᴇᴘᴜɪs que le préfet de police Jussieu a eu six jours de prison, ses limiers sont d'une humeur de chien enragé.

———❀———

Sɪ Monsieur de Nemours a de la fierté, ce jeune prince oublie le nom que voulut lui transmettre son aïeul.

———❀———

Sɪ le peuple est affamé de voir un roi, il court risque de mourir d'inanition avec celui que nous possédons.

1838

Monsieur Trognon a mis fin à ses jours. Ce honorable précepteur n'a pu survivre aux solécismes publics de son élève.

—◉—

Dans un débat parlementaire, Monsieur Molé, en parlant de son collègue, s'est écrié : « Que ce » Cousin m'a cruellement piqué ! »

—◉—

Si l'espoir de la race oublie sa progéniture en France, dans le Luxembourg il a le droit d'en parler en pair.

—◉—

Si la vérité sort de tous les pores de Monsieur Thiers, le mensonge ne lui sort pas de la bouche.

—◉—

LA Dauphine distribua aux pauvres, en 1829, pour trois cent mille francs de bois. Maintenant, l'Ordre moral en vend à son profit pour trois millions.

—❦—

LE Juste milieu vient de servir de béquille au prince de Talleyrand, dans la personne de Madame Thiers. Qui se ressemble s'assemble.

—❦—

A ceux qui se plaignent de l'Ordre moral, la liste civile répond : Charité bien ordonnée commence par soi-même.

—❦—

A la vue du prince de Talleyrand, et de ses quatre-vingt-quatre ans, un Tel s'est écrié : « Je vois avec plaisir que si le diable est vieux, » il n'est pas encore ermite. »

—❦—

LA Chambre a bien tort de se préoccuper du costume officiel. Que nos représentants imitent le père d'un Tel, qui préférait l'habit sans culottes.

—❦—

LES vilains de Juillet veulent tous être nobles;
malheureusement, la caque sent toujours le hareng.

—❋—

DANS sa munificence, la Liste civile a pris
pour devise : Je pose zéro et je retiens tout.

—❋—

A Constantinople, nul ne peut aborder le
Sultan; il paraît que sa popularité s'acclimate à
Paris.

—❋—

LE Ministre de la justice a fait une chute. Depuis
juillet 1830, il aurait dû se familiariser avec ces
accidents.

—❋—

L'OPINION du Gouvernement est que les actions
héroïques le ruinent. A cette nouvelle, Deutz
a battu des mains.

—❋—

COMME le froid augmente, la Liste civile a
répondu aux solliciteurs : « Quand je délierai les
» cordons de ma bourse, il fera chaud. »

—❋—

4

Lᴇ dernier discours du prince de Talleyrand a produit cette morale : Dans le royaume des culs-de-jatte, les pieds-bots sont rois.

—⊛—

Lᴇ Château prépare l'enlèvement du cœur de la princesse Victoire. Monsieur de Nemours, nommé généralissime, s'est fait faire un habit neuf, et se prépare d'en passer la manche.

—⊛—

Lᴇs condamnations du Juste milieu rappellent à tous ce vers :

Les gens que vous tuez se portent assez bien.

—⊛—

Aᴘʀès tous les soufflets que le Ministère a reçus de la Chambre, nous pouvons dire :

Faut-il prendre un balai pour le mettre dehors ?

—⊛—

L'Oʀᴅʀᴇ moral est si malade en Algérie, que les Arabes viennent de lui adresser deux quintaux de quinine. C'est un acheminement à l'évacuation.

—⊛—

L'ŒUVRE du poète Lamartine justifie cet adage : « Le sublime console le ridicule. » Hélas ! le nourrisson des Muses prend bien du ventre.

—✦—

L'ILLUSTRE épée, le vaincu des Anglais, Jean-de-Dieu Soult (*) ira représenter la Révolution en Angleterre. Deux millions dévorés en noces et festins. Mais ce seront les contribuables qui paieront la carte du restaurant, et ils paieront le belliqueux rabelaisien.

—✦—

(*) Soult (Nicolas-Jean-de-Dieu), né à Saint-Amans-la-Bastide (Tarn), le 29 mars 1769. Fils d'un notaire, il s'engagea en 1785, gagna rapidement ses grades. Maréchal de France (1804), duc de Dalmatie (1808), il gagna la bataille de Toulouse pour sauver ses fourgons pleins de ses rapines espagnoles. Proscrit par les Bourbons (1816), il se retira dans le duché de Berg. Il revint en grâce (1819), et le roi lui rendit le bâton de maréchal. Pair de France (1827); ministre de la guerre (1830-1834); ambassadeur de France en Angleterre (1838); ministre des affaires étrangères et président du conseil l'année suivante, il se retira (1840-1845) pour des raisons de santé. Il fut nommé (novembre 1847) maréchal-général, titre que Turenne et le maréchal de Saxe avaient seuls porté avant lui, et il mourut dans son château de Soultberg, situé au lieu de sa naissance, le 26 novembre 1851.

Au sujet d'une pièce de vers du poète Barthélemy, au préfet Delessert, un Tel s'est écrié :

« Si la corruption engendre des vers, il ne faut » pas s'étonner que la police en inspire. »

—◉—

Malgré les six chevaux que l'émir Abd-el-Kader offre en présent au Ministère, il n'en sera pas moins mis à pied. Le Coran a donc détruit parmi nous la Charte-vérité.

—◉—

Depuis la disparition du potentat Thiers de la scène politique, tous les hannetons reviennent. Bonne espérance.

—◉—

Talleyrand a joui de son ouvrage, et il l'a renié en mourant. Quelle leçon pour un Tel !

—◉—

Si les orangers viennent de renaître aux Tuileries, les grenadiers, au contraire, n'ont jamais cessé d'embellir le jardin.

—◉—

On annonce la conversion des croix de juillet en une rente viagère. Les malheureux sont déjà assez convertis sans ce baptême.

—❁—

Rothschild vient d'acheter l'hôtel du prince de Talleyrand. Le Juif sera très bien logé chez l'Apostat.

—❁—

L'opinion des collégiens, au Musée de Versailles, est qu'ils préfèrent le pain du collège aux croûtes du pouvoir.

—❁—

Les chevaux du char de l'État ont failli brûler, dans l'incendie du Vaudeville. C'est la première fois que ces nobles animaux auraient brûlé le pavé de la Constitution.

—❁—

Si le duc de Nemours est absent pour le service du roi, la noble famille, en 1830, s'absentait pour autre chose. Le résultat l'a bien prouvé.

—❁—

La discussion sur la propriété des tableaux espagnols a prouvé que le maréchal Soult ne spéculait pas toujours en vain. Ce n'est pas comme à Londres.

—❁—

L'HÉRITIER de la race, le comte de Paris, à l'exemple de son père, est fort comme un Turc ; ses nourrices le déclarent musulman. La comédie est donc parfaite.

—◉—

MONSIEUR de Montebello propose d'expulser de la Suisse le prince Bonaparte. Si Napoléon revenait, qu'il frotterait bien les oreilles de Lannes !

—◉—

DIEU protège les grandes familles ; nous faisons des vœux pour celle du boa constitutionnel. Sa cousine du Jardin des plantes vient de produire trente-deux petits. Heureusement le budget humanitaire n'a pas demandé de dotations alimentaires.

—◉—

UN Tel a été si satisfait de dîner gratuitement chez son ministre Molé, qu'il a fait présent de son cordon bleu à son chef de cuisine.

—◉—

LES somptuosités de Champlatreux se réduisent à cette réclame ministérielle : Faites mousser mon champagne et servez chaud. Avis aux commerçants.

—◉—

Le comte de Paris est né un vendredi et le jour de la Saint-Barthélemy. Avouons que la Providence l'entoure de ses auspices.

———

La Chambre vient d'être restaurée; mais la Réforme se réserve de lui donner son dernier coup de balai.

1839

Sı le prince de Joinville s'est bien battu à Saint-Jean-d'Ulloa, la mémoire du vainqueur d'Ouessant est toujours à fond de cale.

—◉—

Depuis l'élection du duc de Valmy (*), un Tel ne cite plus que sa victoire de Jemmappes et a serré l'autre à Toulouse.

—◉—

(*) Kellermann (François-Christophe), né à Strasbourg (20 mai 1735). Il servit en Pologne. La Révolution le trouva maréchal-de-camp. Républicain convaincu, il fut nommé gouverneur militaire de l'Alsace (1791), rejoignit Dumouriez, et remporta

Un Tel, après une longue conversation avec
l'*illustre épée*, s'est, hélas! aperçu que son
fourreau oratoire n'était que de cuir.

—❀—

Monsieur Clausel (*) vient de partir en
Angleterre pour étudier les machines. Ce n'était
pas la peine d'aller si loin; le Ministère en offre
un si bel assortiment.

—❀—

sur les Prussiens, à Valmy, un éclatant succès qui
produisit en France un immense effet. Le duc de
Chartres, plus tard duc d'Orléans, et, dans la
suite, Louis-Philippe, roi des Français, servait
dans sa division à titre de volontaire. Nommé duc
de Valmy (1804), il fut toujours tenu en suspicion.
Député sous la Restauration, il mourut le 12
septembre 1820. C'est du petit-fils du maréchal
(Kellermann, François-Christophe-Édouard, duc
de Valmy) dont il est question. Né à Paris, le
16 avril 1802, il fut député (1842-1848) et siégea dans
les rangs de la droite. Il avait épousé la veuve
du marquis de Caux, dont le fils est aujourd'hui
célèbre. Mort sans enfants, son titre finit avec
lui (1868). Tous comédiens dans la famille.

(*) Clausel (Bertrand), né à Mirepoix (Ariège), le
12 décembre 1772. A l'âge de vingt ans, lieutenant
de Royal-Venaison, il fut aide-de-camp du général
Pérignon, qui l'envoya porter à la Convention les

Les députés qui dînent au Château connaissent la parcimonie d'un Tel. Voudrait-il prendre la Chambre par la famine !

—◉—

L'exposition industrielle est embellie par un magnifique buste de Louis-Philippe, en savon. C'est un moyen de le mettre en bonne odeur près du public.

—◉—

---

drapeaux pris sur les Espagnols. Cette mission le distingua, et il fut nommé commissaire près le roi de Sardaigne, qui lui donna, en témoignage de son estime, l'un des chefs-d'œuvre de Gerard Dow, la *Femme paralytique*. Le jeune diplomate s'empressa d'en faire hommage à sa patrie, en l'offrant au musée du Louvre (1798). Il fit glorieusement toutes les guerres de l'Empire, et la Restauration le nomma inspecteur général d'infanterie (1814). Il accepta de Napoléon le commandement d'un corps d'observation des frontières d'Espagne, et le titre de pair de France (1814-1815). Condamné à mort par les Bourbons, il passa en Amérique. Grâcié en 1820, député de l'Ariège (1827-1830), après la révolution, le gouvernement lui confia le soin de terminer la conquête d'Alger (novembre 1830). Créé maréchal de France (1831), il revint en Afrique et échoua au premier siège de Constantine (1836). Depuis cette époque, il vécut dans la retraite, et mourut à Secourieu (Haute-Garonne), le 21 avril 1842.

L<small>E</small> Ministère du commerce vient d'être confié à Monsieur Cunin-Gridaine. Un singe ne pouvait être dans de plus beaux draps.

—⊚—

I<small>L</small> est question d'inscrire ceci sur le piédestal de la colonne de la Bastille :

Sta viator,

Ne réveille pas le chat qui dort.

—⊚—

D<small>EPUIS</small> le dernier discours du maréchal Soult, Arnal prétend qu'il serait une précieuse réclame.

—⊚—

D<small>ANS</small> sa sollicitude paternelle, le roi a décidé que ses deux plus jeunes fils ne se rendraient du château au collége, et *vice versa*, qu'accompagnés par un régiment de cavalerie. Il recueille donc ce que son père a semé : la Terreur.

—⊚—

O<small>PINION</small> de l'héritier du trône sur la ville de Bayonne : « Bonne ville à papa, le chocolat » excellent, mais le peuple ne vaut rien. »

A cette lecture, le doux Nemours s'est écrié :
« Qu'on vienne encore me parler des gens bons
» de Bayonne. Je préfère ceux de Mayence. »
Aimable prince !

—◉—

L'HÉRITIER de la race a l'intention d'acheter
le manoir patrimonial de l'auteur de l'*Esprit des
Lois*. C'est un domaine entouré de futaies d'un
bon rapport. Nous savions bien qu'il aurait toujours
l'esprit des bois, le grand Poulot.

—◉—

LOUIS-PHILIPPE n'aime pas qu'on thésaurise ;
mais son intendant s'enrichit des miettes du
patron.

—◉—

NAPOLÉON le Ridicule vient de publier les *Idées
Napoléoniennes*. C'est un pluriel bien singulier. Il
serait donc un empereur idéal.

—◉—

DEPUIS son départ de la ville, du 12 mars,
Bordeaux se nomme la ville du Poisson-d'Avril.
Monseigneur, les dragées de ce baptême sont
bien mauvaises.

—◉—

Au lieu d'accompagner son mari à la messe, la duchesse d'Orléans ferait mieux d'aller à vêpres. Ce serait une princesse à complies.

—◉—

Les Bordelais ne cessent de répéter : « La » Cour est partie pour Eu, quand reviendra-t-elle » pour nous. »

—◉—

L'héritier de la Couronne a visité le champ de la bataille de Toulouse. Si il veut voir en peinture les positions prises et enlevées par le Maréchal, qu'il visite sa galerie de tableaux. Espartero ne cesse aussi de répéter :

A *vaincre sans péril, on triomphe sans gloire.*

—◉—

Un Tel a décidé de remplacer les armes défensives de son armée par un trousseau de clefs. Certains généraux se retrouveront en pays de connaissance.

—◉—

Les femmes de France et de Navarre se cotisent pour offrir à Soult, dit *la vieille épée de l'Empire qui file,* une quenouille tricolore.

—◉—

A l'instar des Argonautes, Soult a conquis la Toison-d'Or, bah ! cela ne l'empêchera pas de tondre le budget comme son patron.

—✹—

Nos soldats mangent de la paille pour vivre en Algérie. Qui nous délivrera des paillasses qui les gouvernent.

—✹—

L'héritier du Trône s'est décidé à parler Marseillais. « Je suis toujours heureux, a-t-il dit, de revoir cette ville. Je ne puis oublier qu'elle est la patrie de la Marseillaise si chère à mon cœur. »

—✹—

Les trentes gardes d'honneur du Prince héritier avaient inscrit sur leur bannière cette devise : *Nec pluribus impar*. Si, à la place, ils eussent mis trois zéros, ils eussent été trente mille. O valeur des chiffres qui remplace la vaillance !

1840 .

Ce tiers d'agneau qui nous gouverne demande
la Toison-d'Or. Il ne manquait plus que cela pour
la victime qui nous gruge.

—◉—

La reine d'Angleterre veut aussi lui conférer
la Jarretière. A quoi bon? ce va-nu-pieds n'a pas
besoin de relever ses bas.

—◉—

Bugeaud refuse du foin aux Arabes. Que
penserait-il d'eux, si ils le lui arrachaient de la
bouche ?

—◉—

Depuis l'heureux succès du mariage du duc de
Nemours, les proverbes s'humanisent. Nous ne
disons plus : tomber de Charybde en Scylla ; mais
de Mecklembourg en Cobourg.

—◉—

Sı les habitants du château sont pauvres, il faut avouer qu'ils ne sont pas honteux. Aussi, ont-ils pris pour devise :

« Quand on prend des millions, on n'en saurait » trop prendre. »

—⊕—

Sı la culotte courte est de mise chez un Tel, son père la supprimait. Autre temps, autres mœurs.

—⊕—

Quelle différence y a-t-il entre la Mode et l'Ordre moral ? C'est que l'une conserve ses épingles, l'autre perd ses attaches matrimoniales.

—⊕—

Le Ministère du dimanche gras ne s'appelle plus que le beau masque. N'est-il pas arrivé comme Mars en Carême ?

—⊕—

Soult, dit l'*Illustre épée*, commande une expédition contre le Maroc. N'est-ce pas la guerre entre le cuir et le maroquin ? Qui des deux reliera le traité de paix ?

—⊕—

La liste civile a vendu son vieux linge, que lui restera-t-il pour panser ses plaies ? « Mes guenilles me sont chères, a-t-elle dit. » Nul n'était besoin de citer Molière pour le savoir.

—◎—

Monsieur de Joinville est brave au combat, rien ne l'arrête, il est aussi sourd et aussi crâne qu'un pot au feu.

—◎—

Nemours s'est écrié, la nuit de ses noces : « Rien n'eut manqué à ma Victoire, si j'avais » remporté celle de sa dotation. »

—◎—

La princesse Hélène fait de l'opposition au budget. Décidément elle devient française.

—◎—

Le prince de Joinville part pour Sainte-Hélène et il dirige la *Belle-Poule*. Nous faisons des vœux pour qu'il soit le dindon de la farce. Qu'en dira le coq gaulois ?

—◎—

Le duc d'Orléans combattait Napoléon vivant ; Roi, il nous le ramène mort : c'est le système des compensations.

—◎—

Il est question, pour les funérailles impériales, de rendre la Madeleine à son ancien emploi : Le Temple de la Gloire. Où trouverons-nous maintenant ses desservants ?

—◉—

Quel bon raffineur que ce Ministère du carnaval. Il nous entretient de la question des sucres et du retour des cendres. Politique et Commerce.

—◉—

Thierot a soumis à la Chambre la question des billets de banque. Le drôle était plein de son sujet, et ses poches aussi. Rien d'étonnant, les banquiers étrangers lui offraient les leurs, sous forme de billets doux.

—◉—

Le maréchal Valée (*) annonce qu'il ramène les princes en bonne santé. Nous le savions brave soldat ; mais nous ignorions qu'il eût reçu, du Ministère, le droit d'être bonne d'enfants.

—◉—

(*) Valée (Sylvain-Charles, comtè), né à Brienne-le-Château (Champagne), le 17 décembre 1773. Lieutenant d'artillerie au moment de la Révolution, colonel en 1807, il fit avec la plus grande distinction,

BONAPARTE pinçait l'oreille de ses interlo-
cuteurs. Thierot-Foutriquet leur tape sur le ventre.
Les grands hommes atteignent où ils peuvent.

—❊—

LE Musée d'Histoire naturelle vient de faire
l'acquisition du nez de Monsieur Guizot. N'est-ce
pas prouver que la France professe le respect
pour ses grands hommes.

—❊—

AVANT son ambassade à Londres, Monsieur
Guizot n'était qu'une linotte, maintenant les hon-
neurs l'ont rendu serin.

—❊—

---

sous les ordres de Suchet, la guerre d'Espagne, et
devint (1809) général de brigade ; en 1811, général
de division, et comte en 1814. Nommé pair de
France (1830), exclu à la révolution de Juillet, il
y rentra en 1835. C'est lui qui dirigea le siège
de Constantine (1837), et après la mort du
général Demrimont, il eut toute la responsabilité
de cette expédition, qu'il eût la gloire de terminer
(15 octobre). Nommé gouverneur de l'Algérie et
maréchal de France (11 novembre), il combattit
pendant trois ans, avec des chances diverses
(1839-1841), l'émir Abd-el-Kader et mourut à Paris,
le 16 août 1846.

L'escapade du jeune prétendant à Strasbourg, sera jugée au lendemain des funérailles impériales. De cette manière, l'ordre des choses enterrera à la fois l'oncle et le neveu.

—❀—

Un Tel est toujours un profond politique. Au temps de la Restauration, il portait la cocarde blanche, dans son cœur, la tricolore, et le bonnet rouge, au fond de sa culotte.

—❀—

Le Pacha d'Egypte se repose sur Thierot du soin de lui faire la queue. Figaro-Foutriquet en est dans la jubilation.

—❀—

Un Tel ne veut pas se laisser dépasser en patriotisme. Il a décidé que Neuilly deviendrait une forteresse. C'est là le sublime de l'abnégation intéressée.

—❀—

Foutriquet, dans sa défaite, veut remonter sur ses chevaux, à la condition qu'ils ne sortent pas de l'écurie.

—❀—

Human (*), e célèbre tailleur, homonyme du ministre, s'écrie : « Moi, je fais des poches, mais » lui les vide à son profit. »

—❊—

. Pauvre Napoléon, il fut tué par les Anglais, le voilà enterré par les D'Orléans. C'est un malheur de trop.

—❊—

Monsieur de Broglie a déclaré qu'il brossait la Monarchie nationale. Nous savions depuis long-temps que le drôle a endossé la livrée du Château.

—❊—

Au dernier bal des Tuilleries, les invités avaient pris les costumes de la Monarchie. Le père d'un Tel était moins difficile, il proscrivait les culottes et les talons rouges.

—❊—

(*) Humann (Jean-Georges), né à Strasbourg, le 16 août 1780, acquit une immense fortune, moitié dans le commerce, moitié dans la contrebande. Cette situation ambiguë lui permit d'être élu député (1820), ministre des Finances, à la place du baron Louis (1832-1836), puis une seconde fois (1840), jusqu'à sa mort, arrivée subitement le 25 avril 1842.

Monsieur Guizot a voulu intimider la presse, dans la personne des imprimeurs, ceux-ci se sont montrés gens de caractère.

—❀—

Monsieur de Broglie a changé le cimier de son blason, il a pris une tête de linotte.

—❀—

L'huissier Bernuier est devenu immortel. Monsieur Guizot l'a chargé de signaler ses exploits à l'univers entier.

—❀—

Deux Cobourg sont descendus au Château. Ils sont, gratuitement visibles tous les jours, au Palais-Royal, pour les filles à marier de Paris.

1841

THIÉROT vient d'être nommé membre de l'Académie des sciences morales et politiques. Quelle anticipation sur les jours gras ?

—✦—

LE prince de Joinville crayonne les silhouettes des membres du Château. Ce prince ne voudrait-il pas être le Daumier de la Cour ?

—✦—

MONSEIGNEUR le duc de Chartres vient d'adresser à la Chambre une protestation signée de sa nourrice. A la bonne heure, les faibles héros protègent nos hercules politiques.

—✦—

L'ILLUSTRE *épée* du Juste-Milieu reçoit cent soixante-cinq mille francs annuels. C'est bien cher payer le cuir du fourreau, produit des tanneurs. N'a-t-il pas les trois qualités requises : riche, fort et bête ?

—❀—

UN Tel faisait des vœux pour l'écrasement du vainqueur de Toulouse. Maintenant, il l'assomme du poids d'un portefeuille. Toujours de même, ces bons Hercules !

—❀—

PARIS est devenu enceinte de la Bastille. Dieu veuille que sa délivrance ait lieu le 14 juillet : La Fontaine serait devenu prophète, et la montagne, accouchée d'une souris, nous aurait délivré.

—❀—

LES Parisiens ont eu, dimanche dernier, deux divertissements : le cortège du Roi passant la revue de ses troupes, et celui du bœuf gras. La Cour a fort apprécié, gratuitement, le second. Les courtisans, dans leur platitude, croyaient dévorer un héros de Juillet, en acceptant le souvenir nutritif de cet animal.

—❀—

Soult défend aux officiers d'écrire; il ferait mieux de s'en abstenir. Cet illustre guerrier n'est-il pas cuirassé ?

—◉—

Madame Adélaïde professe un profond mépris pour les puits artésiens, qui ne produisent que de l'eau. Ah ! si c'était des pots de vin de bon cru, ce serait différent.

—◉—

Le docteur Ganal a reçu la mission d'embaumer la Chambre des Pairs. Espérons que la défunte *sera toujours en bonne odeur près de la France.

—◉—

Monsieur de Joinville prépare une expédition aux bancs de Terre-Neuve. Il a promis une cargaison de chiens et de morue aux habitants du Château. Ils sont dans la stupéfaction ; car la fidélité et l'abstinence leur sont inconnues.

—◉—

La première pierre de l'embastillement de Paris vient d'être posée à Charenton, par le Roi. A cette occasion, le souvenir des Pyramides a troublé la tête du vieux Soult, qui s'est écrié : « Soldats ! songez que du haut de ces fenêtres tous les fous de Charenton vous contemplent. » Il y en avait bien d'autres.

—◉—

6

LES bouchers de Paris commencent à vendre
du cheval, nous sommes loin de la poule au pot.
Hélas! elle est en convalescence depuis la pépie
de Sainte-Hélène.

—☉—

L'ÉPÉE que Jean de Dieu Soult a remise à
l'Héritier de la couronne, le jour de son baptême,
avait pour garde une chimère. Décidément l'arme
vaut le fourreau.

—☉—

DANS son discours de réception à l'Académie,
Victor Hugo a fait l'éloge de la Révolution. Pour
nous, il a toujours été un poète de Convention.

—☉—

MONSIEUR de Nemours a rapporté un chat
de son expédition africaine. Il est question de le
sacrifier à la patrie, en l'empaillant aux frais de
l'État, et de le suspendre aux voûtes de l'hôtel des
Invalides. La Cour des Pairs vient d'être saisie de
ce désir. Les vieilles perruques ne savent si c'est
d'un chat percé d'une balle, où s'il est question du
Schah de Perse; ils demandent à Monsieur de
Nemours un rapport chirurgico-géographique, avec
plans à l'appui.

—☉—

Napoléon faisait briller aux yeux de ses soldats l'espoir du bâton de Maréchal de France. Un Tel préfère les pièces de cent sous à son effigie. C'est moins coûteux et plus logique.

—❁—

La Cour est partie pour Eu, Dieu veuille qu'elle partît pour nous.

—❁—

Un des adjoints d'Avignon se nomme Astre. Il faut qu'il soit tombé bien bas pour être un des satellites du soleil qui nous régit.

—❁—

A l'occasion de la fête de Boulogne, un Tel a accordé, au prétendant Bonaparte, une double ration d'eau-de-vie. Depuis cette munificence royale, le prince est dans l'ivresse. Il n'y a pas de quoi quand on songe qu'au banquet d'Erfurt, au mois de décembre, l'Oncle servit des cerises à vingt francs la pièce.

—❁—

Depuis la mission de Mahul et Plougoulm, à Toulouse, on n'entend plus dans cette ville que ces mots : « Tout beau, Mahul, tout beau ! — Allons, Plougoulm, obéissez ! »

—❁—

On annonce la retraite de Guizot et l'arrivée au pouvoir du petit Thiers. Un fléau chasse l'autre.

—❦—

L'auteur de la dernière biographie de Louis-Philippe, le nomme le héros de Liège. C'est bien léger, pour un homme si chargé de lauriers.

—❦—

Depuis l'accident du camp de Compiègne, l'humanité de la Reine a obtenu du Ministre de la guerre : 1° que la cavalerie marcherait au pas ; 2° que l'infanterie s'exercerait sous verre ; 3° que l'artillerie et le génie ne sortiraient pas des remises ni des hangars des citadelles.

—❦—

Mademoiselle Adélaïde a été vue, dans l'ombre, donner l'ombre d'un écu à l'ombre d'un pauvre. Depuis cette munificence, on ne l'appelle plus que Séraphine.

—❦—

Après l'acquittement du *National*, un Tel parodie tristement ces vers de l'opéra de Grétry :

> *O Richard ! ô mon roi !*
> *Le Jury t'abandonne.*

—❦—

Le Château aime beaucoup les successions en ligne indirecte, quand fera-t-il son testament en faveur de la ligne droite?

—❦—

Monsieur Soult vient de changer la couleur du costume des chasseurs de Vincennes, de bleu en vert. L'illustre amateur de tableaux à bon marché veut donc essayer sur l'armée les richesses de sa palette.

—❦—

Le chef des huissiers de la Chambre des Députés se nomme Démon. Quelle belle enseigne pour cette marchandise infernale!

1842

Un Tel a proféré tant de mensonges dans le discours du Trône, qu'on ne le nomme plus que l'*Éloquence de la Garonne*. Pour un roi, c'est plus qu'une gasconnade !

—❀—

L'attentat du régicide Quemisset menace d'avoir une queue comme la simarre de Pasquier

—❀—

Un Tel a bien raison de dire que l'émeute de 1830 n'est qu'un ouragan. Combien dè girouettes se sont produites pour l'ornementation de l'édifice bâti par le Juste-Milieu !

—❀—

MONSIEUR de Broglie a déclaré, que si les Cobourg continuent à s'abattre sur Paris, la ville ferait concurrence à Orléans, moins la virginité de sa libératrice.

—◉—

. LES Ministres ont décidé la question des cannes à sucre. Il y a longtemps qu'ils ont la canne au dos.

—◉—

LES deux Cobourg sont partis piteusement de Paris. Le Château a répondu qu'il ne logeait ni à pied, ni à cheval, et mariait encore moins.

—◉—

UN Tel a vendu un coin du bois de Vincennes, à son profit, bien que ce domaine soit à l'État. C'est le cas de dire qu'il vole au coin d'un bois.

—◉—

L'EMPEREUR du Maroc se méfie de Soult. Un homme qui fait si bien les cuirs doit nuire au maroquin.

—◉—

Les soldats de Versailles meurent de faim.
C'est dur de n'avoir ni pain ni gloire; au moins
que la Liste civile les nourrisse des croûtes de
son Musée.

—✿—

Un Prussien vient de publier l'énigme de
l'embastillement de Paris. Comprendre mieux le
français que nous, c'est à renverser les nouvelles
fortifications.

—✿—

L'écriture dit : « Qui tire l'épée, périra par
l'épée. » Nous ajouterons : « Ceux qui creusent des
» fossés pour autrui tombent dedans. »

—✿—

Le général Jacqueminot a eu peur de l'ennemi.
C'est le plus bel acte de courage qu'il ait jamais
montré dans sa carrière militaire. Le Château en
est si heureux, qu'ils ont décidé de le nommer
maréchal de France.

—✿—

L'habitation d'un Tel est le seul lieu à l'abri
de la bombe. Tout Paris voudrait y demeurer.
Hélas ! il n'y a rien à louer en ce lieu.

—✿—

Monsieur Guizot veut passer la saison parlementaire sous le drap mortuaire du duc d'Orléans. C'est le plus sûr moyen d'ensevelir la Chambre.

—❁—

Le monument du duc d'Orléans sera bâti avec celui du duc de Berry. Les pierres mêmes expient le crime.

—❁—

La loi de Régence est ainsi formulée : « Dans » aucun cas, le Régent ne pourra usurper les » droits du Roi mineur. » — Allons! voilà un Tel qui se méfie même de lui. A bon chat, bon rat.

—❁—

L'éloquence de Lamartine n'est plus qu'un beau diamant monté sur chrysocale.

—❁—

Le sieur Philippe, célèbre escamoteur du boulevard Bonne-Nouvelle, a vendu son fonds et la suite de ses affaires, au sieur Thierot, dit Foutriquet, député français. — Le sieur Thierot a débuté à la première représentation par cette profession de foi : « Mes chers clients, rien dans mes mains, tout dans mes poches. »

—❁—

Monsieur de Joinville est devenu sourd à ne rien entendre. Quand on habite le Château, c'est une infirmité qui a son prix.

—◈—

Monsieur Thiers est parti pour la Hollande, non pour y faire son beurre et son fromage, mais pour y visiter sa belle-mère. C'est le cas de dire :

> *Et l'on revient toujours*
> *A ses premières amours.*

—◈—

Messieurs de Joinville et de Nemours ne peuvent s'entendre, l'un est sourd, l'autre muet. Si le Ministère héritait de ces qualités, nous serions sauvés.

—◈—

On a cloué, en caractères tricolores, cette enseigne au-dessus de la porte du *Journal des Débats :*

Ici on parle argot et l'on vole à l'américaine.

—◈—

L'illustre Soult trouve le général Pajol (*) trop âgé pour le commandement. Nous, nous trouvons le maréchal bien jeune pour gouverner, vu son âge qui touche à ·celui de l'enfance.

— ✦ —

Un chef arabe demandait à Bugeaud si Monsieur Guizot était un eunuque, noir ou blanc. — Non, répondit le vieux courtisan, il est jaune et garde les soucis du Roi. — Eh vous, que faisiez-vous à Blaye ?

— ✦ —

L'intendant de Monseigneur le duc d'Aumale vient de vendre les glands de la forêt de Chantilly. Devant un pareil dénuement, il eût peut-être mieux valu les faire consommer à ceux qui les possèdent, le bénéfice eût été plus radical.

— ✦ —

(*) Pajol (Claude-Pierre, comte), né à Besançon, le 3 février 1772. Nommé général de brigade (1807), baron (1808), général de division, se couvrit de gloire dans la campagne de France. Créé comte par les Bourbons, il suivit Napoléon à son retour de l'île d'Elbe. Mis à la retraite (1816), il contribua puissamment à la révolution de Juillet. Mort à Paris, le 19 mars 1844.

A la nouvelle de la prise de possession des îles Marquises, Monsieur Duchâtel (*) s'est écrié : « Que le faubourg Saint-Germain, maintenant, nous » reproche de ne pas posséder toutes les mar- » quises ! »

—🌑—

(*) Duchâtel (Charles-Jacques-Nicolas, comte), né à Rouen, le 29 mai 1751, membre du conseil des Cinq-Cents (1793), conseiller d'État et directeur des domaines impériaux (1808). Créé comte, il siégea à la Chambre sous la Restauration (1827-1832). Nommé pair de France l'année suivante, il mourut à Paris en 1845.

1843

7

Nous apprenons que Monsieur Guizot vient
d'accepter la livrée anglaise, de la veste, il n'a
plus qu'à passer la manche.

—✦—

Salvandy (*) s'est écrié au bal de Guizot :
« Jadis, en 1830, nous dansions sur un volcan ;
» aujourd'hui, nous pataugeons dans la boue. »

—✦—

(*) Salvandy (Narcisse-Achille, comte de), né à
Condom, le 11 juin 1795, fit les dernières cam-
pagnes de l'Empire, entra dans les Gardes du
corps, et quitta le service militaire (1819) pour
l'administration. Conseiller d'État (1828), il donna
sa démission à l'avènement du ministère Polignac.
Réintégré dans ses fonctions par la révolution
de Juillet, il fut nommé ministre de l'Instruction
publique (avril 1837, mars 1839), ambassadeur en

Le bœuf gras s'étant trouvé indisposé, Monsieur Vatout (*) a bien voulu le remplacer, et il demande l'indulgence du public.

—⚙—

Le désastre du tremblement de terre de la Guadeloupe n'a produit au Château, que cette parodie du mot d'Henri IV, mise en action :

« Le Béarnais est pauvre; si il avait plus, il » donnerait davantage. »

—⚙—

Ces jeunes gens sur leur million mensuel, ont donné à eux tous vingt mille francs. Le service de la baronne de Feuchères a coûté davantage.

—⚙—

Espagne (1841), puis à la cour de Sardaigne (1843), il occupa de nouveau le ministère de l'Instruction publique (1845-1848). Il vécut dès lors dans la retraite et mourut à son château de Graveron (Eure), le 15 décembre 1856.

(*) Vatout (Jean), né à Villefranche, le 26 mai 1792, eut pour mission de remplacer Mme de Genlis. Sans initiative, absolument dévoué, il corrigeait, sans pitié, les membres de la nombreuse famille royale. Mort à la peine (1848), à Claremont (Angleterre).

A l'âge de Monsieur d'Aumale, Condé avait gagné vingt batailles. Nous espérons que plus heureux dans la chicane, Monseigneur gagnera tous ses procès, aussi les huissiers chanteront-ils ses exploits.

—✦—

La voix du cœur ne s'est pas démentie dans le discours du Trône : Moi, ma famille et la France. Allons, un Tel, nous savons que charité bien ordonnée commence par soi-même.

—✦—

Monsieur Pasquier (*) imprime ses œuvres parlementaires ; elles seront illustrées d'un médaillon de Janus. Le profil de Judas eut été préférable.

—✦—

(*) Pasquier (Étienne-Denis, baron, puis duc). Né à Paris, le 22 avril 1767, conseiller au Parlement (1787), la chute de Robespierre le sauva ; maître des requêtes (1806), baron (1809), conseiller d'État et gardien du sceau, autrement dit préfet de police, l'année suivante ; compromis, par sa faiblesse, dans la conspiration du général Malet (24 octobre 1812), il demeura à son poste à la

La future Régence a besoin d'un nouvel éclat. Le Régent n'est donc pas un assez beau diamant. pour l'embellir.

—❁—

La Chambre des pairs a déclaré que la Monarchie s'est fortifiée sous le coup qui la frappe. Quel style de maçon ont adopté ces vieilles ganaches?

—❁—

Monsieur Guizot soutient que la honte est plus productive que l'honneur. Il y a longtemps, hélas ! que nous le savons en France.

—❁—

Depuis l'introduction du système, Thierot n'a pas recouvré l'usage de la parole. Nos Ministres devenus muets ne gouvernant plus qu'à l'Orientale, nous nous demandons quand ils seront eunuques.

—❁—

Restauration, qui le nomma directeur général des Ponts et Chaussées (1814). Depuis cette époque, jusqu'à sa mort (4 juillet 1862), il fut de tous les bénéfices. Créé duc en 1844, il vécut dans la retraite, après la chute de la Monarchie de Juillet, avec le surnom de *Pasquier l'Inévitable.*

La nouvelle épouse de Monsieur de Joinville est légèrement cuivrée, mais l'amoureux s'en console en parodiant ce vers de Racine :

En ses heureuses mains, le cuivre devient or.

—◉—

Si la Chambre mettait un voile sur ses discours, au moins la prostitution parlementaire couvrirait sa défunte pudeur ?

—◉—

Le Château est dans la jubilation. Nous possédons Nouka-Hiva et la reine Pomaré. Un Tel se propose de lui adresser le premier Cobourg disponible.

—◉—

Monsieur d'Aumale vient d'annoncer qu'une tribu d'Arabes a remis entre ses mains cinquante mulets et vingt bœufs. Il faut vraiment avouer que le prince a des mains qui ressemblent plus à celles d'un ogre qu'à celles d'un gentilhomme.

—◉—

Un Tel a banni de son écusson les fleurs de lys. Il les retrouve sous cette forme, dans son lit : Le pou, la puce et la punaise. Ces emblèmes prouvent sa vigoureuse constitution.

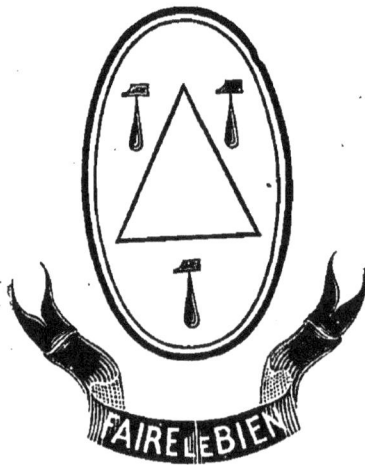

FAIRE LE BIEN

8

TABLE DES MATIÈRES

ACHEVÉ D'IMPRIMER

SUR LES PRESSES DE

.ROUILLÉ-LADEVÈZE, IMPRIMEUR A TOURS

LE XX MAI MDCCCLXXXI

www.ingramcontent.com/pod-product-compliance
Lightning Source LLC
Chambersburg PA
CBHW052038270326
41931CB00012B/2548